Addieren und Subtrahieren

1. Addiere vorteilhaft! Zeichne Pfeile ein!

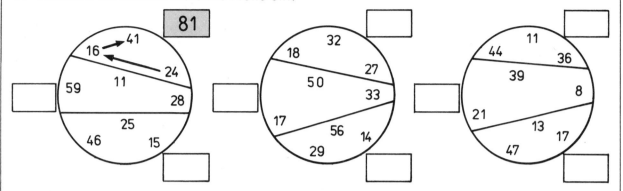

2. Rechne!

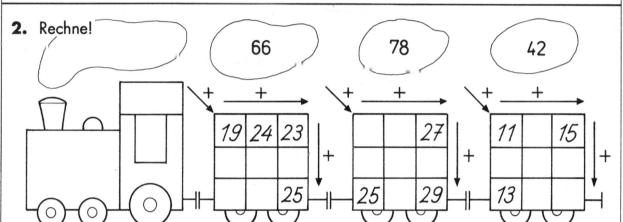

66   78   42

| 19 | 24 | 23 |
| | | 25 |

| | | 27 |
| 25 | | 29 |

| 11 | | 15 |
| 13 | | |

3. Subtrahiere vorteilhaft!

99 − 49 − 15 = ☐   53 − 23 − 16 = ☐   77 − 34 − 27 = ☐

53 − 17 − 3 = ☐   85 − 19 − 25 = ☐   56 − 16 − 33 = ☐

92 − 24 − 2 = ☐   41 − 26 − 11 = ☐   95 − 32 − 25 = ☐

89 − 25 − 9 = ☐   74 − 18 − 54 = ☐   89 − 18 − 49 = ☐

76 − 34 − 6 = ☐   67 − 24 − 37 = ☐   66 − 46 − 9 = ☐

4. Setze die fehlenden Zahlen ein!

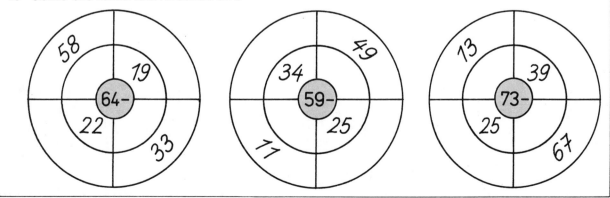

1

Multiplizieren und Dividieren

1. Immer zwei Aufgaben haben das gleiche Produkt.
Setze die fehlenden Zahlen ein!

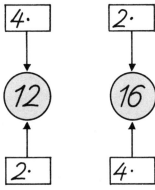 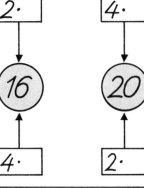 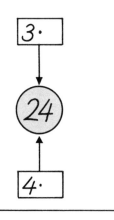 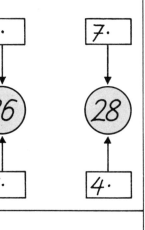

4·		2·		4·		3·		9·		7·
↓		↓		↓		↓		↓		↓
(12)		(16)		(20)		(24)		(36)		(28)
↑		↑		↑		↑		↑		↑
2·		4·		2·		4·		6·		4·

2. Verbinde der Reihe nach die Ergebnisse der Malfolgen!

4, 8, ...   8, 16, ...

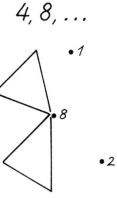 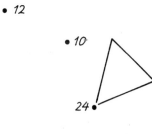 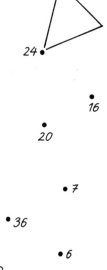 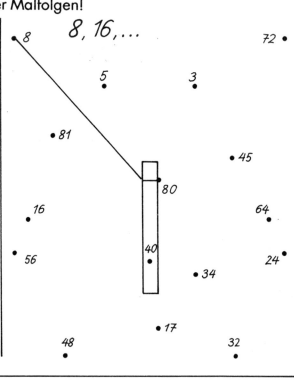

• 12   • 1   • 10   • 8   72 •

• 8   • 2   • 3   • 5   • 3

24 •   • 16   • 81   • 45

• 20   • 16   • 80   • 64

• 11   • 56   • 40   • 24

• 5   • 7   • 34

32 •   4 •   • 36   • 17   32 •

• 9   • 6   48 •

28 •   • 40

3.

: 7		: 9		: 6		: 8	
49		81		54			10
63			2		3	24	
	3	54			4		1
	5		4		2		7
14		63			7	32	
	8		5	42			9

2

1.

Die drei Mäuschen

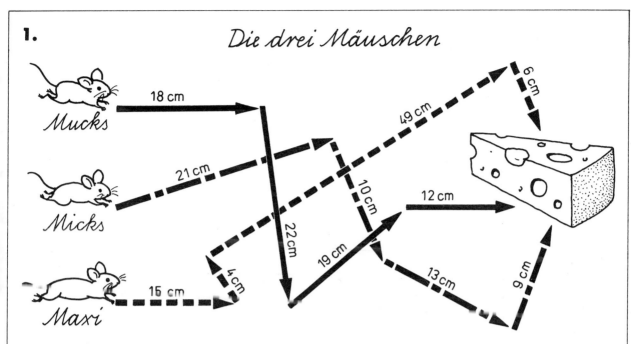

a) Welche Maus ist zuerst am Käse?
b) Wieviel Zentimeter müssen die anderen Mäuse weiter laufen?

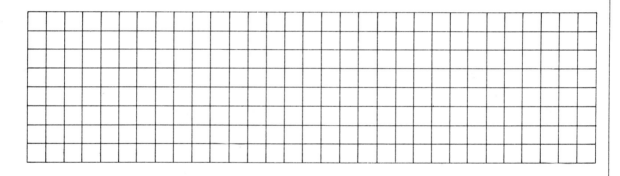

2. a) Können die Kinder gemeinsam das Spiel kaufen?
b) Bilde weitere Aufgaben!

Felix 17 DM

Martin 19 DM

Maria 15 DM

27 DM

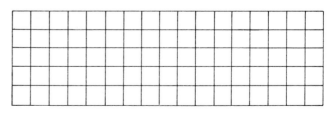

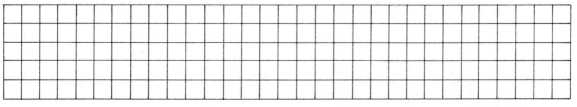

Längen und Flächen

1. a) Bestimme für jede der drei Figuren die Anzahl der Quadrate ☐ , die eingezeichnet wurden!

   b) Bestimme die Länge aller Seiten jeder Figur!
   Berechne dann die Summe aller Seitenlängen für jede einzelne Figur!

a) Anzahl der Quadrate	_____	_____	_____
b) Summe der Seitenlängen (cm)	_____ cm	_____ cm	_____ cm

2. a) Welche Figur enthält die wenigsten kleinen Quadrate? Kreuze an!
   Schätze erst und überprüfe dann durch Abzählen!

   b) Vergleiche! Was stellst du fest?

Anzahl der Quadrate	_____	_____	_____

4

Bündeln und Entbündeln

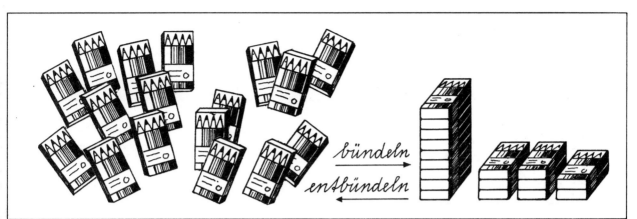

1.

5	2

Z	E

2.

3	2	9 + 2 = 11

2	3	

Z	E	
4	3	

Z	E	
2	5	

3.

H	Z	E

H	Z	E

4.

H	Z	E
3	2	4

H	Z	E
9	0	5

Die Zahlen bis 1 000

1.

(2H) (3Z) (5E) ⟶ $200 + \square + \square = 235$

(5H) (7Z) (2E) ⟶ _____

(1H) (8Z) (3E) ⟶ _____

(9H) (0Z) (2E) ⟶ _____

2. Vorgänger und Nachfolger

	512				400	
304				710		
		910				1000

3.

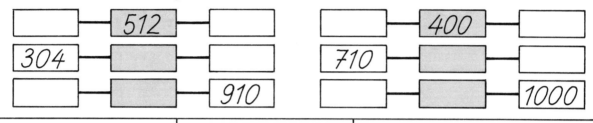

H	Z	E

H	Z	E

H	Z	E

4.

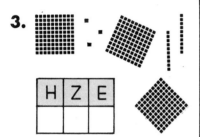

$24 =$ _____

$136 = 1 \cdot 100 + 3 \cdot 10 + 6 \cdot 1$

$415 =$ _____

$203 =$ _____

$640 =$ _____

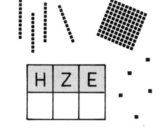

	H	Z	E
sechshundertzwölf			
zweihundertfünfzehn			
dreihundertzehn			
neunhundertvier			
fünfhundertsechzehn			

5.

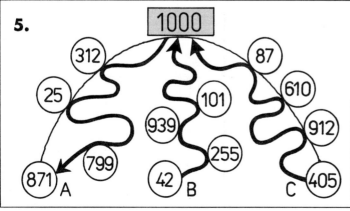

1000

(312) (87) (25) (101) (610) (939) (912) (799) (255) (871) A (42) B (405) C

Ordne jeweils die Zahlen der drei Wege!
Beachte die Pfeilrichtung!

A   B   C

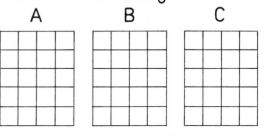

Vergleichen und Ordnen

1. Trage die Pfeilspitzen ein!

ist kleiner als ➤

487 ➝ 748
874

123 — 213
321

843 — 438
384

590 — 950
509

625 — 265
562

2. In welcher Reihenfolge werden die Fallschirme landen?
Trage die Ordnungszahlen ein!

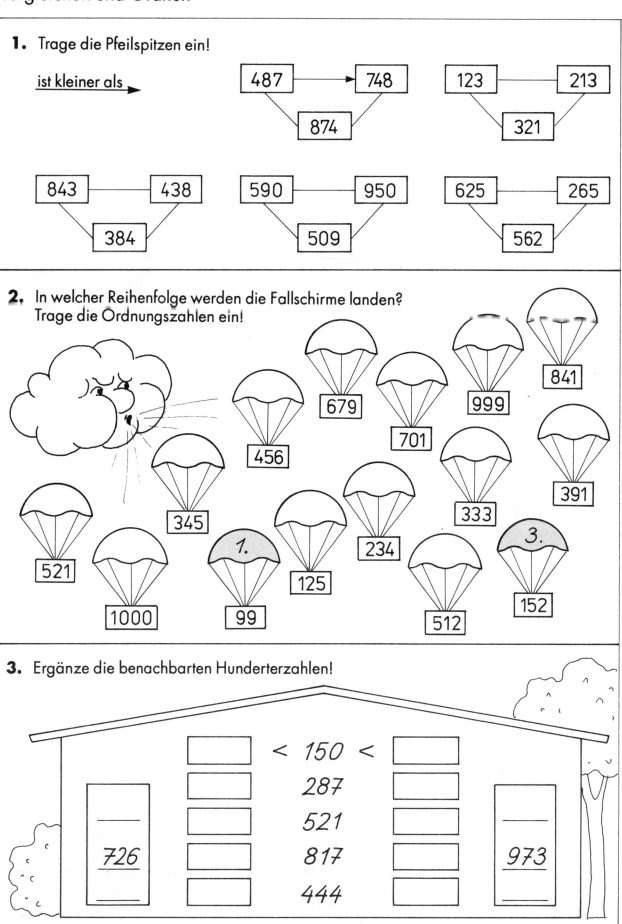

841
679
999
701
456
391
345
333
234 3.
521 1.
125 152
1000 99 512

3. Ergänze die benachbarten Hunderterzahlen!

< 150 <
287
521
817
444

726
973

Die Folge der Zahlen bis 1 000

1. Trage die gesuchten Zahlen ein!

[number line with boxes: ☐ 900 ☐ ☐ ☐ 970 ☐ 1000]

2. Verbinde die Zahlen miteinander! Gehe in Zehnerschritten vorwärts!

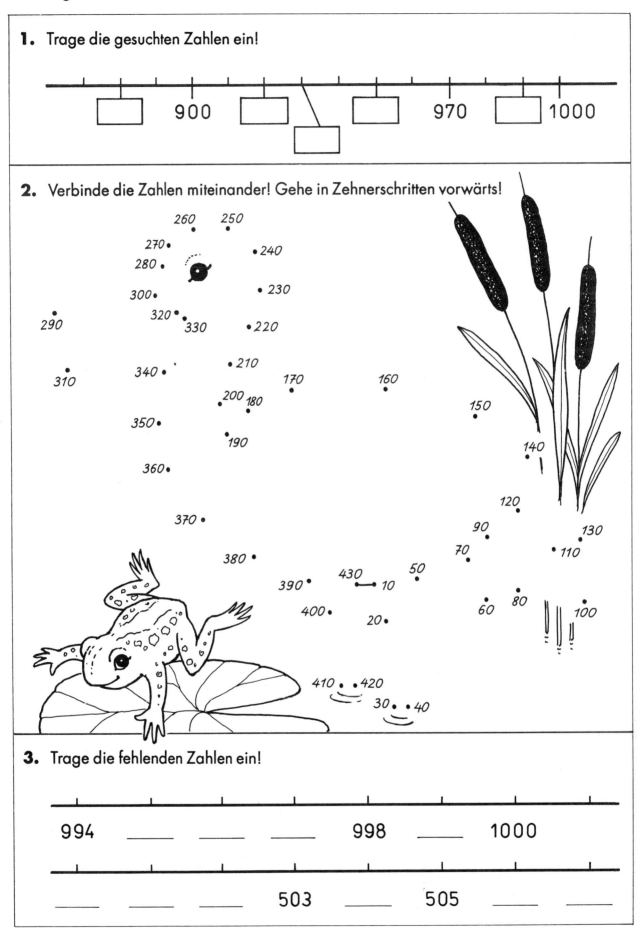

3. Trage die fehlenden Zahlen ein!

994 ___ ___ ___ 998 ___ 1000

___ ___ ___ 503 ___ 505 ___ ___

8

Addieren und Subtrahieren

1.

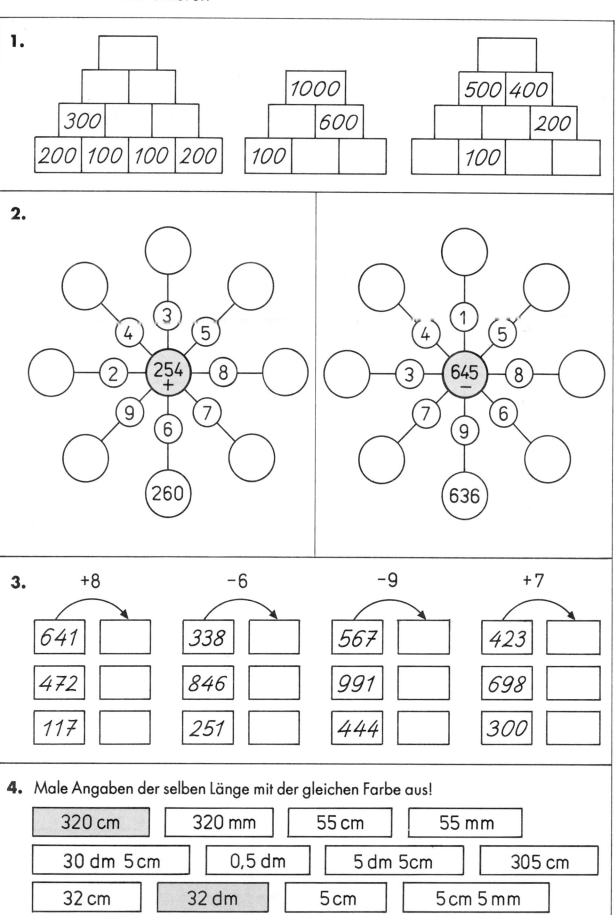

2.

3.

+8	−6	−9	+7
641 ☐	338 ☐	567 ☐	423 ☐
472 ☐	846 ☐	991 ☐	698 ☐
117 ☐	251 ☐	444 ☐	300 ☐

4. Male Angaben der selben Länge mit der gleichen Farbe aus!

320 cm	320 mm	55 cm	55 mm
30 dm 5 cm	0,5 dm	5 dm 5 cm	305 cm
32 cm	32 dm	5 cm	5 cm 5 mm

Addieren und Subtrahieren

1. Immer zwei Aufgaben führen zum gleichen Ergebnis.

$750 + 30 =$ | $690 + 90$

$460 - 50 =$

$870 + 40 =$

$940 - 60 =$

$220 - 80 =$

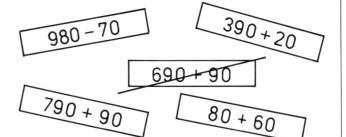

$980 - 70$

$390 + 20$

$690 + 90$

$790 + 90$

$80 + 60$

2.

$540 \;\boxed{+200}\; 740$ $845 \;\boxed{}\; 945$ $152 \;\boxed{+200}\; \boxed{}$

$730 \;\boxed{}\; 930$ $845 \;\boxed{}\; 245$ $617 \;\boxed{}\; 917$

$460 \;\boxed{}\; 660$ $786 \;\boxed{}\; 886$ $345 \;\boxed{-200}\; \boxed{}$

$120 \;\boxed{}\; 820$ $536 \;\boxed{}\; 136$ $\boxed{} \;\boxed{-500}\; 457$

3. Rechne in der angegebenen Reihenfolge und verbinde die Ergebniszahlen miteinander!

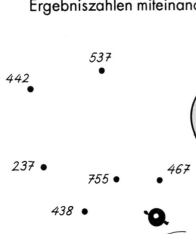

537

442

237

755   467

438   667

286   397   196

834

428

147

319

478   209

413

818   919

200

1.

$458 + 20 = \boxed{}$

$117 + 30 = \boxed{}$

$246 + 40 = \boxed{}$

$458 - 20 = \boxed{}$

$277 - 40 = \boxed{}$

$462 - 20 = \boxed{}$

$785 - 30 = \boxed{}$

$587 - 50 = \boxed{}$

$432 + 35 = \boxed{}$

$645 + 22 = \boxed{}$

2.

$364 + 33 = \boxed{}$

$161 + 35 = \boxed{}$

$879 - 45 = \boxed{}$

$443 - 15 = \boxed{}$

$367 - 48 = \boxed{}$

$234 - 25 = \boxed{}$

$426 - 13 = \boxed{}$

$852 - 34 = \boxed{}$

$941 - 22 = \boxed{}$

$219 - 19 = \boxed{}$

Addieren und Subtrahieren

1. Addiere und subtrahiere!
Bilde zu den Zahlenstrahlausschnitten jeweils zwei Gleichungen!

495   505 792   802 897   907

_____ _____ _____

_____ _____ _____

2. Berechne zuerst die Summe und dann die Differenz der Zahlen
750 und 80 (270 und 90, 670 und 80, 460 und 70)!

750+80=			

3.

+6		−5		−40		+60	
Eingabe	Ausgabe	E	A	E	A	E	A
197		501		920		780	
499		604		730		670	
200		800		510		490	

4.

+180		−180		−250		+250	
E	A	E	A	E	A	E	A
360		860		910		230	
490		970		530		580	
770		540		620		360	

5. Welche Blume gehört in welchen Blumentopf?

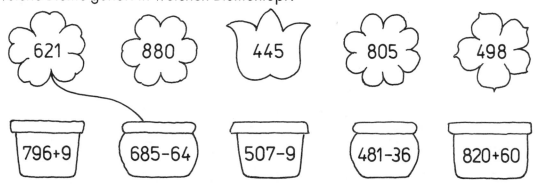

621   880   445   805   498

796+9   685−64   507−9   481−36   820+60

1. Wenn du alle Aufgaben löst, kannst du die Geheimschrift lesen.

Achtung Geheimschrift!

| 180 | 781 | 250 | 871 | 253 | | 397 | 254 | 781 | 254 | 502 | 370 | 190 | 254 | 602 |

$245 + 8 =$	A	$520 - 150 =$	H	$340 - 160 =$	P
$497 + 5 =$	C	$470 - 220 =$	I	$725 + 56 =$	R
$174 + 80 =$	E	$921 - 50 =$	M	$593 + 9 =$	T
$406 - 9 =$	G	$470 - 280 =$	N		

2.

$180 + 56 = \boxed{}$ | $\boxed{} + 85 = 321$ | $65 + \boxed{} = 301$

$321 - \boxed{} = 289$ | $132 - 53 = \boxed{}$ | $\boxed{} - 25 = 250$

$\boxed{} + 90 = 800$ | $101 + \boxed{} = 200$ | $34 + 281 = \boxed{}$

3. Welche Zahl steckt im Korb?

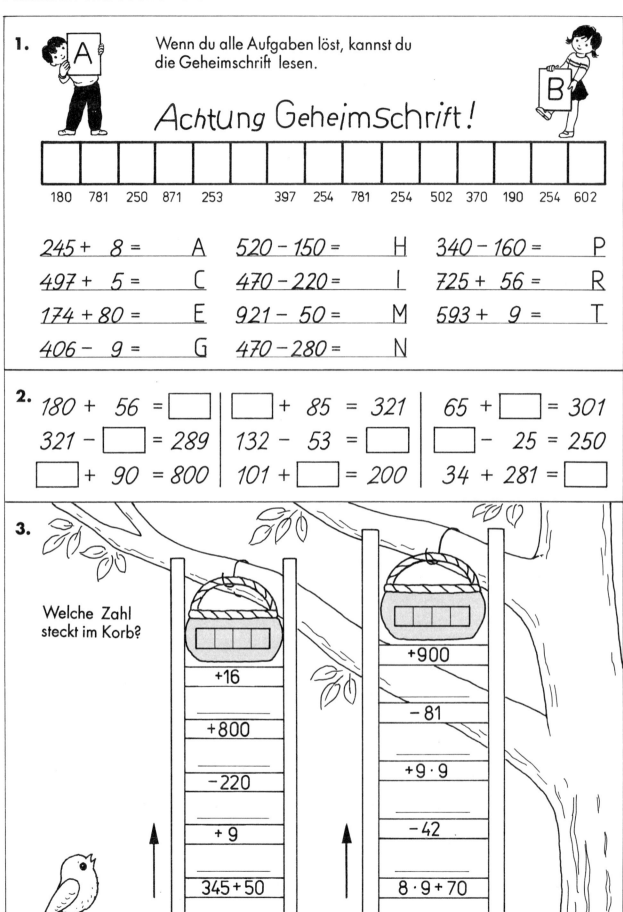

Leiter 1 (von unten nach oben):
$345 + 50$
$+ 9$
$- 220$
$+ 800$
$+ 16$

Leiter 2 (von unten nach oben):
$8 \cdot 9 + 70$
$- 42$
$+ 9 \cdot 9$
$- 81$
$+ 900$

Addieren und Subtrahieren

1.

a	b	a + b
300	400	
247		947
	80	690
246		546

a	b	a − b
841	300	
572		472
390		310
	49	251

a	b	a + b
	410	510
222		444
	60	660
436		736

2. In jedem Sack hat sich eine Zahl versteckt. Findest du sie?

Wenn ich zu einer Zahl 200 addiere, erhalte ich 460.

Wenn du von der Hälfte der Zahl 600 die Zahl 200 subtrahierst, erhältst du die gesuchte Zahl.

Eine Zahl ist um 240 größer als das Doppelte von 150.

3. Gib die größte Hunderterzahl an, die die Ungleichung erfüllt!

$200 + \boxed{} < 700$ $\quad 900 - \boxed{} > 700$ $\quad \boxed{} + 300 < 500$

$500 + \boxed{} < 900$ $\quad 800 - \boxed{} > 600$ $\quad \boxed{} + 500 < 900$

$300 + \boxed{} < 600$ $\quad 400 - \boxed{} > 100$ $\quad \boxed{} + 400 < 800$

$600 + \boxed{} < 900$ $\quad 900 - \boxed{} > 500$ $\quad \boxed{} + 700 < 900$

4.

1 m	=	_____ cm
$\frac{1}{2}$ m	=	_____ cm
$\frac{1}{2}$ km	=	_____ m
0,5 km	=	_____ m

1 kg	=	_____ g
$\frac{1}{2}$ kg	=	_____ g
0,5 kg	=	_____ g
$\frac{1}{4}$ kg	=	_____ g

Schriftliches Addieren

1.

$$676 + 323 \qquad 412 + 351 \qquad 729 + 260 \qquad 252 + 104 \qquad 345 + 543$$

2. Berechne die fehlenden Zahlen!

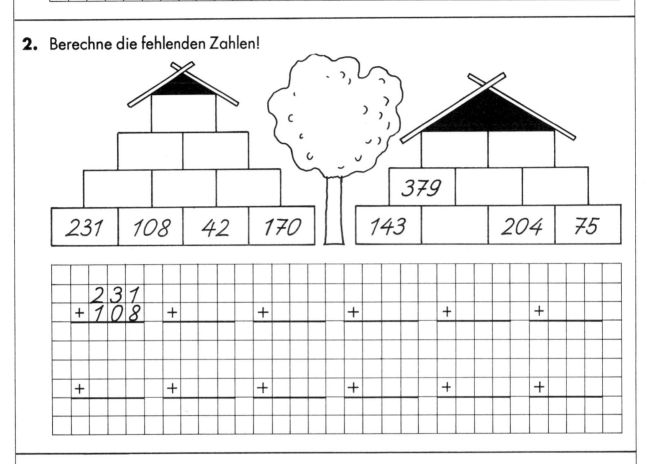

| 231 | 108 | 42 | 170 | | 143 | 379 | 204 | 75 |

$$231 + 108 \quad + \quad + \quad + \quad + \quad +$$

$$+ \quad + \quad + \quad + \quad + \quad +$$

3. Hans hat heute viele Fehler gemacht.
Wo stecken die Fehler? Berichtige!

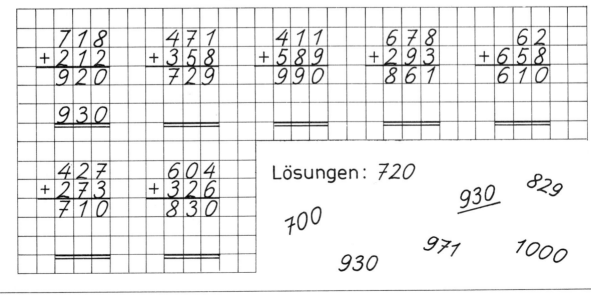

$$718 + 212 = 920 \qquad 471 + 358 = 729 \qquad 411 + 589 = 990 \qquad 678 + 293 = 861 \qquad 62 + 658 = 610$$

$$930$$

$$427 + 273 = 710 \qquad 604 + 326 = 830$$

Lösungen: 720

930   829

700

930   971   1000

14

Schriftliches Subtrahieren

1.

983	398	767	881	926
−142	−277	−642	−461	−705

2.

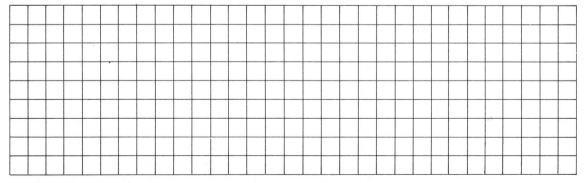

79,15 DM

55,99 DM

47,51 DM

119,15 DM

84,12 DM

18,50 DM

Karin hat von der Oma 100 DM zum Geburtstag bekommen.
Sie möchte sich dafür eine neue Schultasche kaufen.
Die Auswahl fällt ihr schwer.
Deshalb berechnet sie zuerst für jede Schulmappe, wieviel
Geld sie beim Kauf einer solchen noch übrig behält.

Welche Schulmappe kann sie kaufen, damit es auch noch
für eine Federtasche reicht?

Schriftliches Addieren und Subtrahieren

1. 354 + 218 = ☐   753 + ☐ = 919   ☐ + 437 = 975

864 − 375 = ☐   529 − ☐ = 201   ☐ − 304 = 692

2.

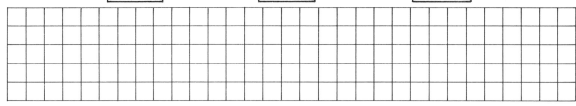

201 km

214 km

196 km

384 km

Fahrtweg von ⟶

1 nach 4	3 nach 2	2 nach 1	4 nach 3

Längen

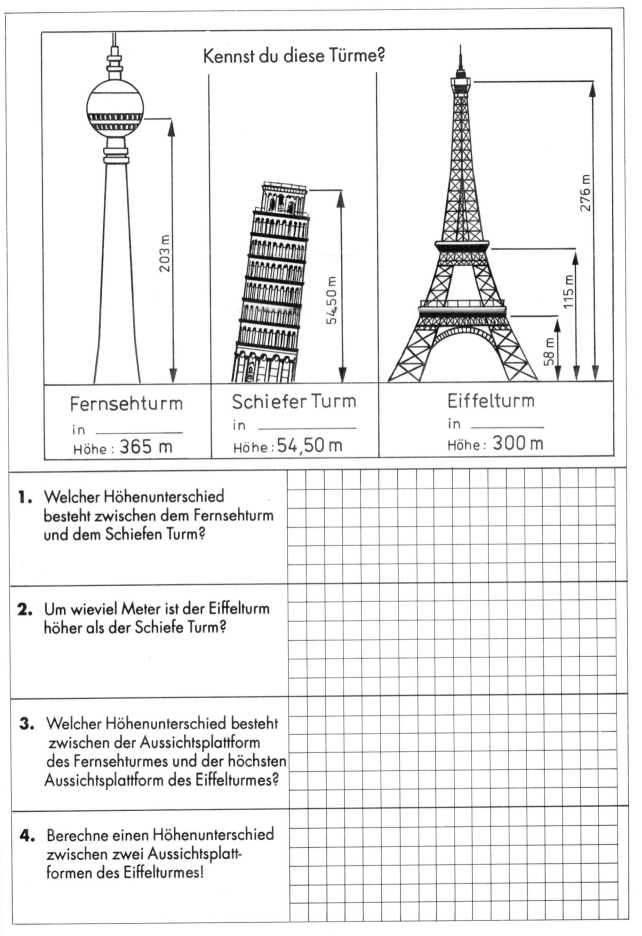

Kennst du diese Türme?

Fernsehturm
in _____
Höhe: 365 m

203 m

Schiefer Turm
in _____
Höhe: 54,50 m

54,50 m

Eiffelturm
in _____
Höhe: 300 m

276 m

115 m

58 m

1. Welcher Höhenunterschied besteht zwischen dem Fernsehturm und dem Schiefen Turm?

2. Um wieviel Meter ist der Eiffelturm höher als der Schiefe Turm?

3. Welcher Höhenunterschied besteht zwischen der Aussichtsplattform des Fernsehturmes und der höchsten Aussichtsplattform des Eiffelturmes?

4. Berechne einen Höhenunterschied zwischen zwei Aussichtsplattformen des Eiffelturmes!

Multiplizieren und Dividieren mit 10, 100 (durch 10, 100)

1. a) Streiche alle Zahlen, die durch 100 teilbar sind, blau durch!
   b) Streiche alle Zahlen, die durch 10 teilbar sind, rot durch!

10	24	70	100	175	270	300	350	400	420
	551	580	600	607	625	640	700	701	
		705	713	730	750	788	800		
			820	850	872	900			
				933	950				
				1000					

c) Was fällt dir auf?

2. Unterstreiche die Zahlen, die beim Dividieren durch 10

den Rest 3,   den Rest 8 lassen!

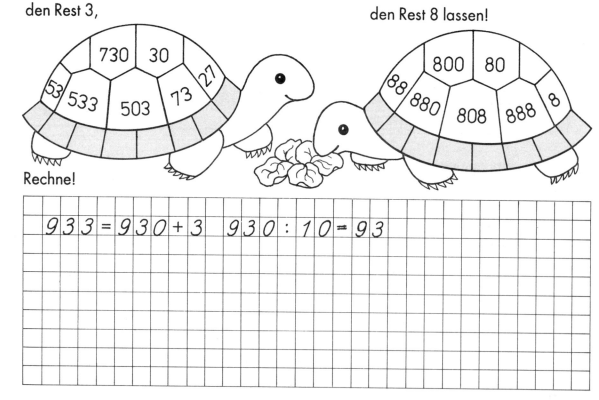

Rechne!

$933 = 930 + 3$ $930 : 10 = 93$

3. Vervollständige die Zahlenschlangen!

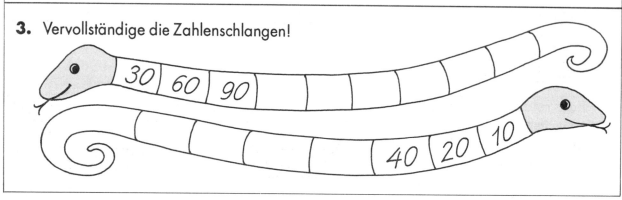

30   60   90

40   20   10

Masse, Länge, Zeit

1. Ordne die Bezeichnungen der Einheiten in die Tabelle ein!
Beginne mit der kleinsten Einheit!

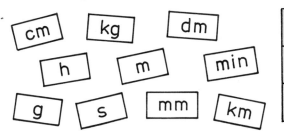

Länge					
Masse					
Zeit					

2. Ordne die passende Größenangabe zu!

Breite einer Postkarte	
Masse eines Pfennigstückes	
Länge eines Tafellineals	
Masse einer Füllerpatrone	
Dauer einer Unterrichtsstunde	
Zeilenabstand eines Heftes	
Breite eines Stecknadelkopfes	
Masse einer Tüte Zucker	

3. Trage die Pfeilspitzen ein!

ist länger als

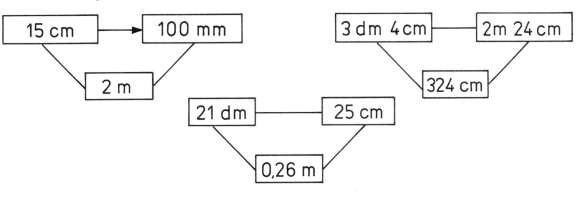

ist leichter als

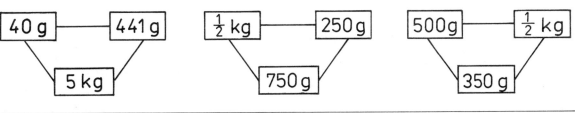

19

Multiplizieren und Dividieren

1. Je zwei von den drei Aufgaben haben das gleiche Ergebnis!
Gib jeweils noch eine weitere Aufgabe mit diesem Ergebnis an!

$3 \cdot 40 =$ ☐ $2 \cdot 80 =$ ☐ $320 : 4 =$ ☐ $320 : 8 =$ ☐

$6 \cdot 30 =$ ☐ $4 \cdot 60 =$ ☐ $360 : 6 =$ ☐ $360 : 9 =$ ☐

$2 \cdot 60 =$ ☐ $3 \cdot 80 =$ ☐ $160 : 2 =$ ☐ $480 : 8 =$ ☐

2.

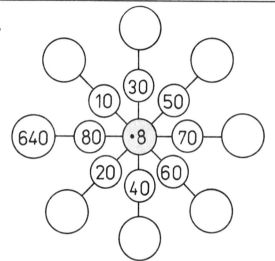

3. Hänge jeweils das richtige Schild an den Beutel!

40   60   90   100   250   300   508   600   850   1000

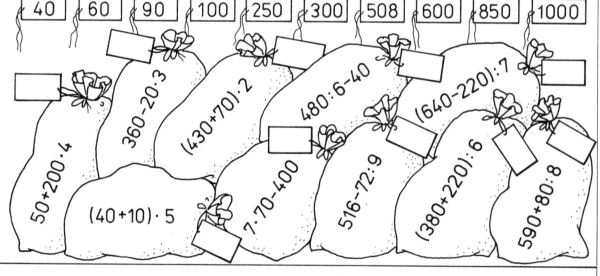

$50 + 200 \cdot 4$
$(40 + 10) \cdot 5$
$360 - 20 \cdot 3$
$(430 + 70) \cdot 2$
$7 \cdot 70 - 400$
$480 : 6 - 40$
$516 - 72 : 9$
$(640 - 220) : 7$
$(380 + 220) : 6$
$590 + 80 : 8$

4.

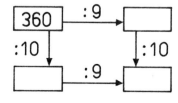

$490 \xrightarrow{:7} \square$
$\downarrow :10 \qquad \downarrow :10$
$\square \xrightarrow{:7} \square$

$360 \xrightarrow{:9} \square$
$\downarrow :10 \qquad \downarrow :10$
$\square \xrightarrow{:9} \square$

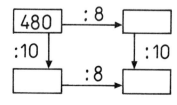

$480 \xrightarrow{:8} \square$
$\downarrow :10 \qquad \downarrow :10$
$\square \xrightarrow{:8} \square$

Textaufgaben

1. Würfle gleichzeitig mit beiden Würfeln beliebig oft!
Bilde nach jedem Wurf mit den beiden Augenzahlen
eine zweistellige Zahl!
Multipliziere nun diese Zahlen mit 4 (8, 3, 6)!

2.

Welche Zahlen fehlen
im Spinnennetz?

· 8 · □ = 98

· □ = 128   72

· 12 = 90

· 15 =

3. *Rechenrätsel*

Wenn du eine Zahl mit 6 multiplizierst und vom Produkt 15 subtrahierst, erhältst du 81. Wie heißt die Zahl?

Wenn du eine Zahl durch 5 dividierst und zu diesem Ergebnis 41 addierst, erhältst du 91. Wie heißt die Zahl?

Ersetze die Buchstaben durch Ziffern! Gleiche Buchstaben bedeuten gleiche Ziffern!
a) E25 : E = 105
b) 6A8 : 2 = 32A

21

Rechenbäume

1. Ergänze die fehlenden Zahlen in den Rechenbäumen!

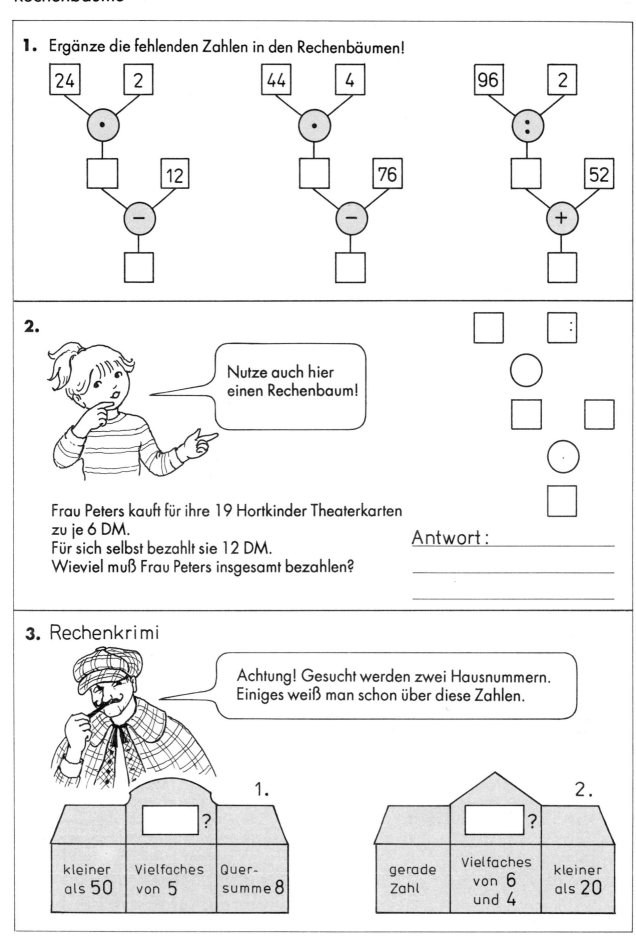

2.

Nutze auch hier einen Rechenbaum!

Frau Peters kauft für ihre 19 Hortkinder Theaterkarten zu je 6 DM.
Für sich selbst bezahlt sie 12 DM.
Wieviel muß Frau Peters insgesamt bezahlen?

Antwort: _____

3. Rechenkrimi

Achtung! Gesucht werden zwei Hausnummern.
Einiges weiß man schon über diese Zahlen.

1.
kleiner als 50 | Vielfaches von 5 | Quersumme 8

2.
gerade Zahl | Vielfaches von 6 und 4 | kleiner als 20

Die Zeit

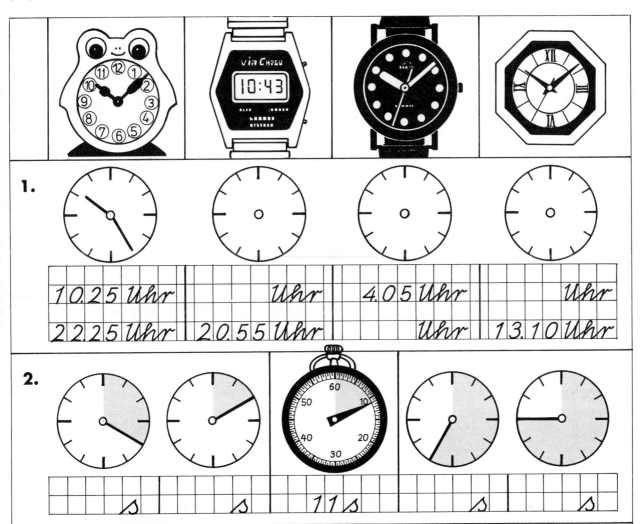

1.

10.25 Uhr	Uhr	4.05 Uhr	Uhr
22.25 Uhr	20.55 Uhr	Uhr	13.10 Uhr

2.

		11 s		

3.

770 Schwerin – Rostock (Meckl.)

Wie lange fährt der D-Zug?

Zug Nr.		D 1733	
Rostock	ab	7.36	
Schwaan ↓			
Bützow	an	7.58	....min
Bützow	ab	8.00	
Zernin			
Warnow			
Blankenberg			
Ventschow ↓			
Bad Kleinen	an	8.31	....min
Bad Kleinen	ab	8.33	
Lübstorf ↓			
Schwerin	an	8.46	....h ....min ....min

Schriftliches Multiplizieren

1.

| 423 · 2 | 231 · 3 | 441 · 2 | 312 · 2 |
| 309 · 3 | 146 · 6 | 252 · 3 | 439 · 2 |

2. Welcher Schmetterling setzt sich auf welche Blume?
Male die Blume und den Schmetterling mit der gleichen Farbe aus!

Sachaufgaben

1. Stelle selbst Aufgaben und rechne!

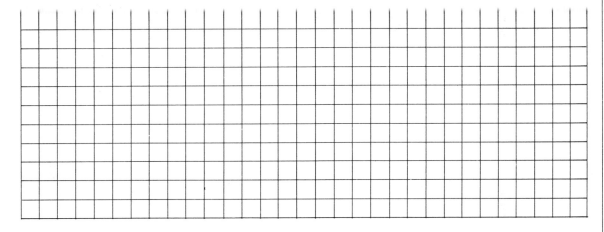

	2,95	8,99	29,85
1. Tag	4	5	3
2. Tag	2	0	3
3. Tag	3	4	3

2. Was bezahlst du beim Gemüsehändler?

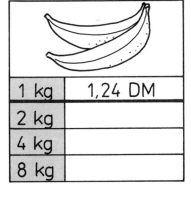

1 kg	1,24 DM
2 kg	
4 kg	
8 kg	

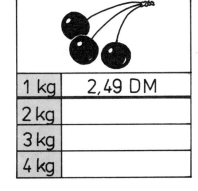

1 kg	2,49 DM
2 kg	
3 kg	
4 kg	

1 kg	1,65 DM
2 kg	
5 kg	
6 kg	

Flächen und Körper

1. Male die Figuren, die genau aufeinander passen, mit der gleichen Farbe aus!

Versuche, die Figuren in die Tabelle einzuordnen!

Viereck	Rechteck	Quadrat
1, 3,		

2. Was gehört zusammen? Male mit der gleichen Farbe aus!

A	B	C	D
Zylinder	Quader	Würfel	Pyramide

a   b   c   d

1   2   3   4

A	c	1

Flächen und Körper

1. Male die Flächen, die sich beim Zusammenfalten gegenüberliegen,
mit der gleichen Farbe aus!

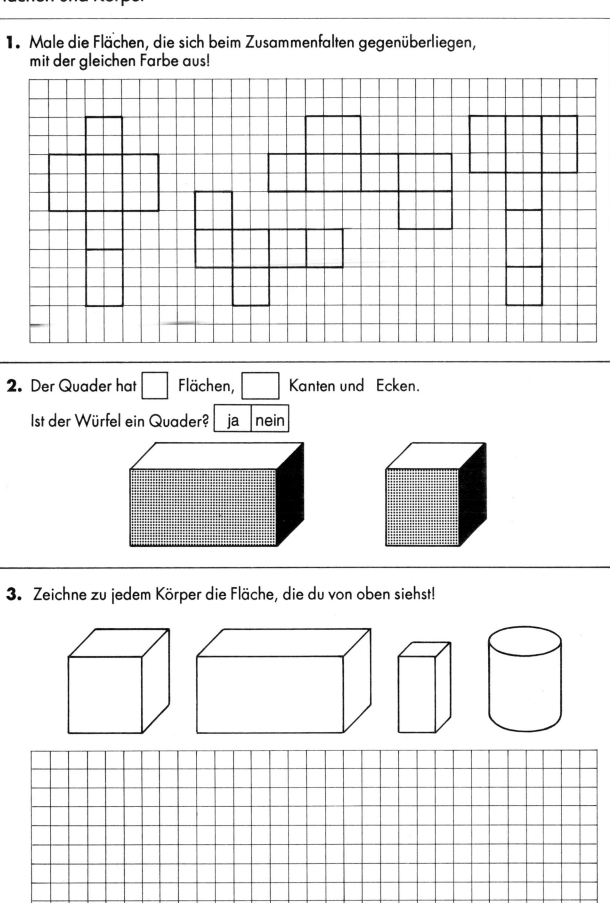

2. Der Quader hat ☐ Flächen, ☐ Kanten und Ecken.

Ist der Würfel ein Quader? | ja | nein |

3. Zeichne zu jedem Körper die Fläche, die du von oben siehst!

Flächen und Körper

1. Male die Augenzahlen ein, wenn der Würfel in Pfeilrichtung gekippt wird!

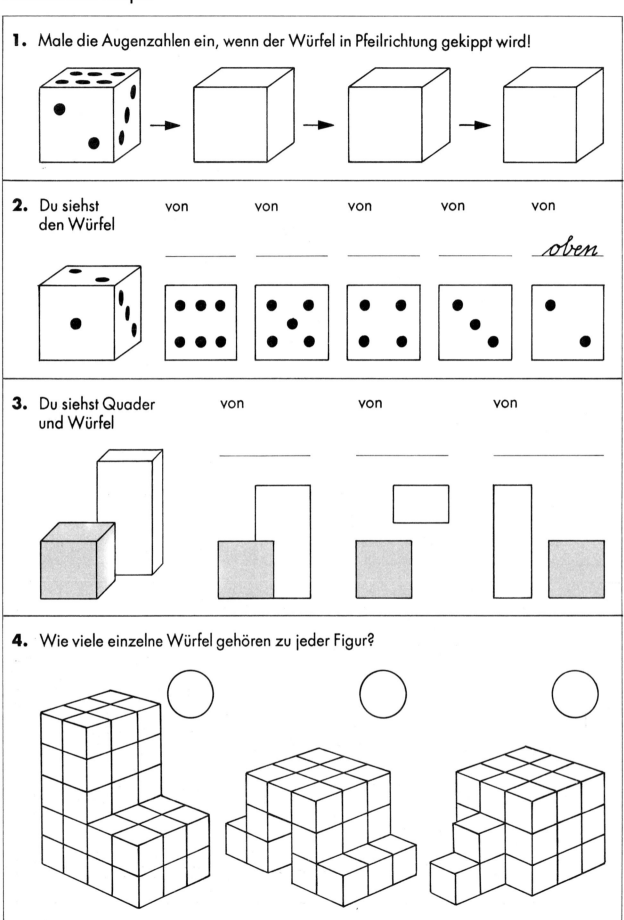

2. Du siehst
den Würfel
von   von   von   von   von

oben

3. Du siehst Quader
und Würfel
von   von   von

4. Wie viele einzelne Würfel gehören zu jeder Figur?

Achsensymmetrie

1. Welche Figuren könntest du so falten, daß beide Teile genau aufeinander passen?
Kreuze diese an!

2. Zeichne jeweils eine Spiegelachse ein!

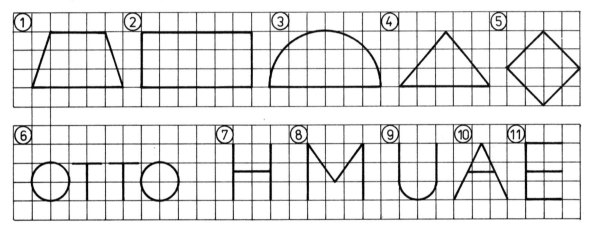

3. Welche der gestrichelten Linien sind Spiegelachsen?
Zeichne diese farbig nach!

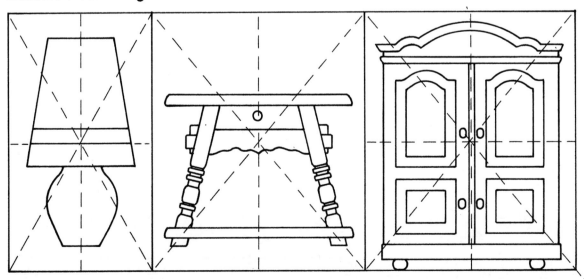

Achsensymmetrie

1. Zeichne zu jeder Figur das Spiegelbild! Male die Bilder aus!

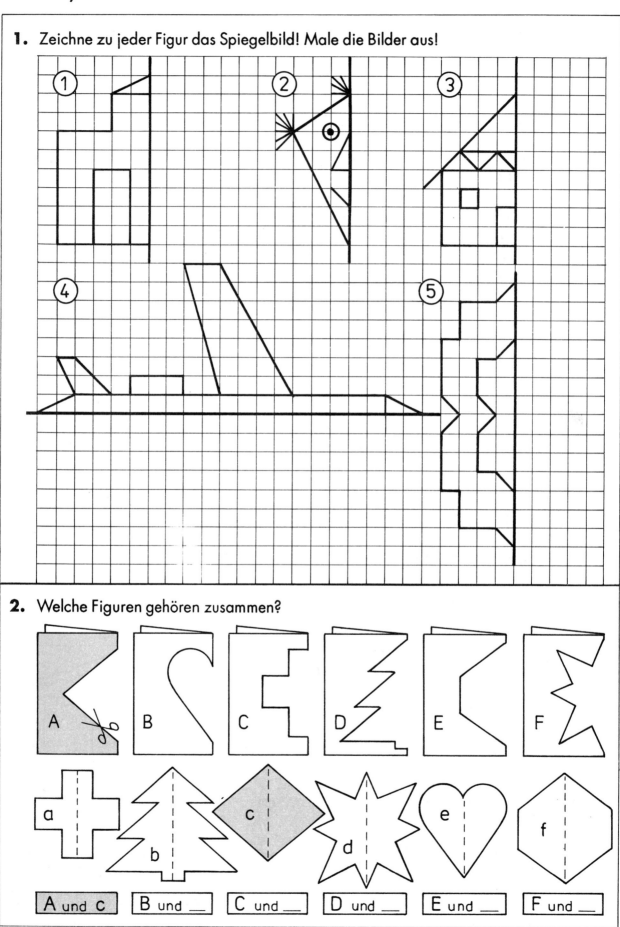

2. Welche Figuren gehören zusammen?

| A und c | B und __ | C und __ | D und __ | E und __ | F und __ |

Knobelaufgaben

1.

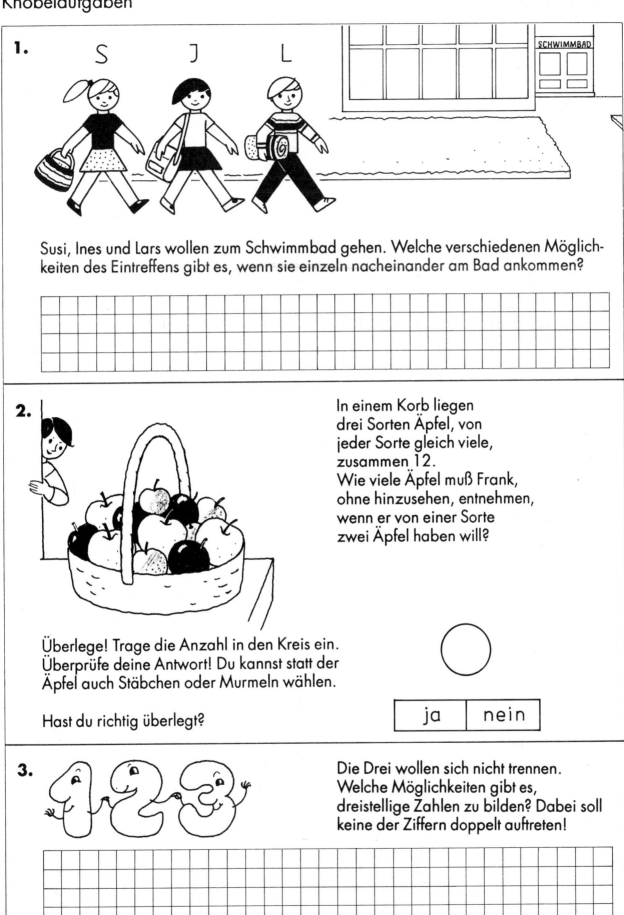

Susi, Ines und Lars wollen zum Schwimmbad gehen. Welche verschiedenen Möglichkeiten des Eintreffens gibt es, wenn sie einzeln nacheinander am Bad ankommen?

2.

In einem Korb liegen drei Sorten Äpfel, von jeder Sorte gleich viele, zusammen 12. Wie viele Äpfel muß Frank, ohne hinzusehen, entnehmen, wenn er von einer Sorte zwei Äpfel haben will?

Überlege! Trage die Anzahl in den Kreis ein. Überprüfe deine Antwort! Du kannst statt der Äpfel auch Stäbchen oder Murmeln wählen.

Hast du richtig überlegt?

| ja | nein |

3.

Die Drei wollen sich nicht trennen. Welche Möglichkeiten gibt es, dreistellige Zahlen zu bilden? Dabei soll keine der Ziffern doppelt auftreten!

Körper

1.

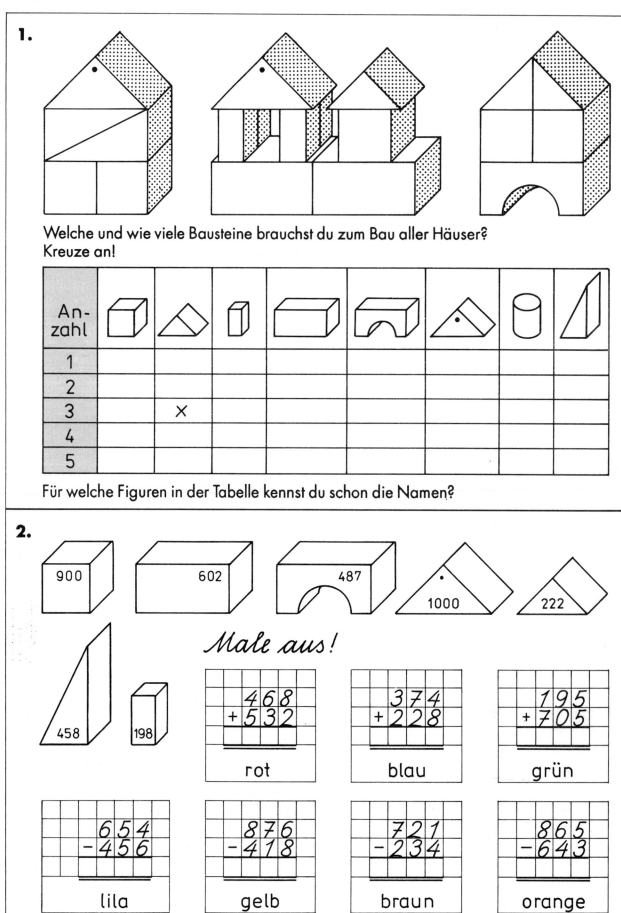

Welche und wie viele Bausteine brauchst du zum Bau aller Häuser?
Kreuze an!

An-zahl								
1								
2								
3		×						
4								
5								

Für welche Figuren in der Tabelle kennst du schon die Namen?

2.

900 602 487 1000 222 458 198

Male aus!

468
+532

rot

374
+228

blau

195
+705

grün

654
−456

lila

876
−418

gelb

721
−234

braun

865
−643

orange